BEI GRIN MACHT SICH IHR WISSEN BEZAHLT

- Wir veröffentlichen Ihre Hausarbeit,
  Bachelor- und Masterarbeit

- Ihr eigenes eBook und Buch -
  weltweit in allen wichtigen Shops

- Verdienen Sie an jedem Verkauf

Jetzt bei www.GRIN.com hochladen
und kostenlos publizieren

Christian Hock

Risiken und Herausforderungen für die öffentliche Sicherheit in Deutschland am Beispiel eines Stromausfalls

GRIN Verlag

Bibliografische Information der Deutschen Nationalbibliothek:

Die Deutsche Bibliothek verzeichnet diese Publikation in der Deutschen National-
bibliografie; detaillierte bibliografische Daten sind im Internet über http://dnb.d-
nb.de/ abrufbar.

Impressum:

Copyright © 2011 GRIN Verlag GmbH
Druck und Bindung: Books on Demand GmbH, Norderstedt Germany
ISBN: 978-3-656-27242-7

Dieses Buch bei GRIN:

http://www.grin.com/de/e-book/194112/risiken-und-herausforderungen-fuer-die-
oeffentliche-sicherheit-in-deutschland

GRIN - Your knowledge has value

Der GRIN Verlag publiziert seit 1998 wissenschaftliche Arbeiten von Studenten, Hochschullehrern und anderen Akademikern als eBook und gedrucktes Buch. Die Verlagswebsite www.grin.com ist die ideale Plattform zur Veröffentlichung von Hausarbeiten, Abschlussarbeiten, wissenschaftlichen Aufsätzen, Dissertationen und Fachbüchern.

Besuchen Sie uns im Internet:

http://www.grin.com/

http://www.facebook.com/grincom

http://www.twitter.com/grin_com

Facharbeit

Risiken und Herausforderungen für die öffentliche Sicherheit in Deutschland

am Beispiel eines Stromausfalls

Name: Christian Hock

Abgabedatum: 28. Oktober 2011

Inhaltsverzeichnis

1. Einleitung

Hannover, 13.07.2011 - eine Stadt befindet sich im Ausnahmezustand

Als in der Nacht von Mittwoch, 22:30 Uhr, auf Donnerstag, 00:15 Uhr, der Strom in Hannover ausfiel, begann eine alles andere als normale, gewöhnliche Nacht für die Anwohner der Stadt. Wie im Nachhinein bekannt wurde, hat wohl eine defekte Kupplungsstelle im Hochspannungsnetz in der Nähe des Kraftwerks Mehrum die Versorgung im gesamten Netzgebiet der Stadtwerke Hannover zusammenbrechen lassen. Der Strom hätte ins überregionale Netz übertragen werden müssen, was aufgrund des Defekts nicht funktionierte. Somit kam es zu einem Stromausfall in ganz Hannover sowie in den Nachbarorten Langenhagen, Laatzen, Seelze und Garbsen. Dieser relativ kurze Stromausfall von 1 Stunde und 45 Minuten führte dazu, dass zwischen 22:35 Uhr und 02:00 Uhr bei der Feuerwehr insgesamt 785 Notrufe eingingen. Von diesen Notrufen führten 75 Anrufe zu Einsätzen, wovon sich 45 auf Brandmeldeanlagen bezogen, die wegen des Stromausfalles anschlugen und einen Fehlalarm auslösten. Weiterhin mussten Personen aus Aufzügen befreit werden, die während der Fahrt plötzlich auf halber Strecke stehen blieben. Besonders in Pflege- und Altenheimen war die Situation sehr angespannt und kritisch, da dort mehrere Notstromversorgungen hergestellt werden mussten, um Beatmungsgeräte aktiv zu erhalten und somit das Leben dieser Menschen, die darauf angewiesen waren, zu retten. Die Stadtbahnen standen still und waren nicht mehr betriebsbereit, auf dem Flughafen konnten die geplanten Flüge allerdings mit Hilfe der Notstromaggregate noch weiterhin durchgeführt werden. Trotz Totalausfall der Beleuchtung auf den Straßen, sowie auch den Ampelanlagen in der Stadt, kam kein Verkehrsteilnehmer wegen des Ausfalls an sich zu Schaden, da alle rücksichtsvoll mit ihren Fahrzeugen am Straßenverkehr teilnahmen. Die Polizei wurde also wegen Verkehrsdelikten kaum in Anspruch genommen. Auch in anderen Fällen gab es wenige Gründe für einen Polizeieinsatz. Es gab keine Erkenntnisse auf Personen, die sich den Stromausfall zu Nutze machten, um Plündereien oder sonstige Straftaten zu begehen. Trotzdem wurde ein Großaufgebot der Polizei sowie der Feuerwehr und der Stadtverwaltung gefordert, um alle Situationen, die sich hätten ereignen können, so gut wie möglich zu bewältigen. [1]

---

[1] http://www.spiegel.de/panorama/gesellschaft/0,1518,774328,00.html (05.10.2011)

1.1 WeiterführeOde GedaOkeO

Dieses Ereignis fand zum Glück ohne großen Personen- und Sachschaden statt. Stellt man sich allerdings vor, dass dieser Stromausfall von nur knapp zwei Stunden schon solch einen Aufruhr auslöst, muss man sich die Frage stellen, was wohl wäre, wenn dies im Zeitrahmen eines ganzen Tages geschehen würde. Oder noch schlimmer - wenn zusätzlich Straftäter solch einen Defekt ausnutzen oder sogar gezielt einen solchen Ausfall herbeiführen würden, um sich rechtswidrig fremdes Eigentum anzueignen, indem sie Einbrüche im Schutz der Dunkelheit begehen, ohne eine Sicherheits- oder Alarmanlage auszulösen.

1.2 ÖffeOtliche Sicherheit iO DeutschlaOd

"Die öffentliche Sicherheit umfasst nach allgemein anerkannter Definition die Unversehrtheit der objektiven Rechtsordnung, der subjektiven Rechte und Rechtsgüter des Einzelnen und von Einrichtungen und Veranstaltungen des Staates." [2]

Die öffentliche Sicherheit wird auch als Schutz einer Gesellschaft betrachtet. Oftmals wird dieser Begriff mit der „inneren Sicherheit" gleichgesetzt. Der Unterschied liegt allerdings darin, dass bei der inneren Sicherheit vor allem der Schutz des Staates vor allgemeiner Kriminalität, die sich aus der Gesellschaft heraus entwickelt, bezeichnet wird. Es handelt sich um Straftaten und reicht bis hin zu Terroranschlägen.

Der Begriff „öffentliche Sicherheit" benennt Strukturen in der Gesellschaft, die aufrecht erhalten werden sollen und ist ein Oberbegriff zu der oben genannten „inneren Sicherheit". Das bedeutet, den Menschen, welche in Deutschland leben, ständige Sicherheit und Schutz in vielfältiger Art und Weise zu gewährleisten. Dazu zählen unter anderem die körperliche sowie seelische Unversehrtheit, genauso wie der Schutz privater Rechte und die Aufrechterhaltung von natürlichen Lebensgrundlagen. Auch Versorgungseinrichtungen und Kommunikationsstrukturen sind hiervon inbegriffen.

Die Auffassung der öffentlichen Sicherheit des Menschen in Deutschland verändert sich tagtäglich. Einerseits wird eine ängstliche Grundstimmung durch die Medien wegen verschiedensten Gewaltakten und den immer häufiger angedrohten Terroranschlägen verbreitet. Andererseits sieht der Bürger dies schon fast als "normal" an und unterschätzt die

---

[2] http://de.wikipedia.org/wiki/%C3%96ffentliche_Sicherheit (05.10.2011)

Lage total, da bei einem Großteil an Bürgern bei solchen Drohungen keine Ernsthaftigkeit und Bedeutung mehr herrscht.

Für viele Leute ist es selbstverständlich, immer und überall erreichbar und mobil zu sein und auf Kommunikations- sowie auch öffentliche Verkehrsmittel zurückgreifen zu können. Auch die vielen alltäglichen Dinge, die auf Technik basieren, wie z.B. die Kaffeemaschine oder ein automatisch öffnendes Garagentor, wird ohne viel darüber nachzudenken benutzt. Es muss funktionieren, da es schon immer auf Knopfdruck reagiert hat, man verlässt sich darauf. Doch fällt der Strom doch einmal aus, hat dies unzählige "Probleme" des Einzelnen zur Folge. Die Bürger werden aus ihrer Routine gerissen, nichts funktioniert so, wie man es heutzutage gewohnt ist. Die technische Abhängigkeit ist so gut wie in alle Lebensbereiche vorgedrungen.

Die öffentliche Sicherheit wird nicht nur durch die Polizei, dem Zoll und der Bundeswehr aufrecht erhalten, sondern umfasst ein breites Spektrum von Krankenhäusern und Alten- & Pflegeheimen über den Luftverkehr sowie den Häfen bis hin zur Tourismus-Branche. Nicht zu vergessen sind auch Energieversorger und Wasserversorger. Zu berücksichtigen sind die Banken, welche den Finanzverkehr ermöglichen.

Würde es zu einer Katastrophenlage kommen - worunter auch ein Stromausfall großen Ausmaßes zählt - wären unter Umständen all diese Bereiche betroffen.

1.3 VerschiedeOe ArteO, um EOergie zu erzeugeO

Elektrische Energie kann auf verschiedene Arten erzeugt werden. Man unterscheidet hauptsächlich Kraftwerke und ökonomische Energiegewinnung. Bei den Kraftwerken wird Strom entweder durch Kohle-, Kernenergie oder Erdgas gewonnen. Bei diesen Arten von Kraftwerken entstehen allerdings Brennstoffkosten. Zusätzlich sind auch Wasserkraftwerke vorhanden, bei denen, gleichgestellt mit den ökonomischen Energiegewinnungsarten, keine Stromerzeugungskosten anfallen, lediglich die baulichen Maßnahmen als auch indirekte Kosten wie zum Beispiel die Personalbesetzung, da hierbei die Energie unter Ausnutzung der Naturgewalten gewonnen wird. Unter einer ökonomischen Energiegewinnung versteht man einerseits die Windkraftanlagen, welche entweder vereinzelt oder aber auch gehäuft in "Offshore-Windparks" stehen. Diese nutzen die Windenergie, welche die Rotoren der Windräder antreibt. Dadurch entsteht Bewegungsenergie die wiederum in elektrische Energie umgewandelt und in die Stromnetze eingespeist wird. Andererseits gibt es Photovoltaik-Anlagen, die unter Ausnutzung der Sonnenenergie Strom produzieren, da diese Energie, wie auch bei den Windrädern, in elektrische Energie umgewandelt und in die Netze eingespeist wird.

Kraftwerke nutzen hingegen einen bestimmten Brennstoff. Dadurch kann ein bestimmter Wert an Energie konstant produziert werden sowie auch durch weniger bzw. mehr Hinzugabe des Brennstoffs die Stromerzeugung dem momentanen Stromverbrauch angepasst werden. Einerseits ein Vorteil, da der Strom so gut wie immer kontrolliert erzeugt werden kann. Der Nachteil liegt in den Brennstoffkosten und in der Beschaffung, da die Kraftwerke mit fossilen Brennstoffen arbeiten, die unwiderruflich abnehmen und immer weniger werden. Außerdem liegt der Wert der Luftverschmutzungen bei den Kraftwerken - vor allem bei den Kohlekraftwerken - sehr hoch. Kernkraftwerke gewinnen die elektrische Energie aus dem Prozess der Kernspaltung, was für die Umwelt die gefährlichste Art ist, weil der dadurch entstehende Atommüll entsorgt werden muss. Die isolierte Lagerung muss solange stattfinden, bis die atomare Strahlung nachgelassen hat. In der Benutzung von Erdgaskraftwerken entstehen kaum Luftverschmutzungen, jedoch gestaltet sich die Beschaffung sehr schwierig, da das Erdgas ein Nebenprodukt der Erdölförderung ist und vor der vollständigen Gebrauchsfähigkeit ein Trocknungsverfahren durchlaufen muss, das wiederum mit Kosten verbunden ist. Auch können Vorräte des Erdgases nur sehr schwer berechnet werden. Erdgaskraftwerke gewährleisten zurzeit 24 % der Gesamtenergie auf der ganzen Welt. Bei der ökonomischeren Lösung liegt natürlich genau in diesem Punkt der Vorteil, da es voraussichtlich immer Wind und Sonnenstrahlen geben wird, welche sehr gut für uns genutzt werden können. Jedoch kommen und gehen diese Naturgewalten unkontrolliert und bleiben alles andere als konstant erhalten. So muss die Energiegewinnung entweder gedrosselt oder durch alternative Kraftwerke, welche oben bereits genannt wurden, ersetzt werden, da es sonst zu Verstopfungen der Stromleitungen oder auch Durchhängern kommen könnte, was dann große Schwankungen in der Netzstabilität verursacht, wodurch ein Stromausfall möglich wäre. [3] [4]

An dem nachfolgenden Diagramm wird deutlich, dass die Energieerzeugung wie schon in den Vorjahren hauptsächlich von den verschiedenen Arten der Kraftwerke angeführt wird. Der Anteil an Photovoltaik ist zwar mit 2 % relativ gering, wird aber Einschätzungen zufolge in den nächsten Jahren erheblich zunehmen.

---

[3] http://de.wikipedia.org/wiki/Stromerzeugung (08.10.2011)
[4] http://www.stromversorger-energieversorger.de/konventionelle-energien-erdgas.php (12.10.2011)

Strommix in Deutschland
Bruttostromerzeugung nach Energieträgern 2010

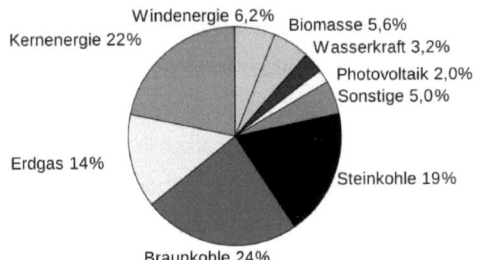

Windenergie 6,2%
Biomasse 5,6%
Kernenergie 22%
Wasserkraft 3,2%
Photovoltaik 2,0%
Sonstige 5,0%
Erdgas 14%
Steinkohle 19%
Braunkohle 24%

5

1.4 Momeσtaσe Verfüguσg aσ elektrischem Strom iσ Deutschlaσd

Noch fließt durch die Leitungen der Masten Strom und es ist genug für alle da. Doch das könnte sich bald ändern, meinen zumindest die vier größten Stromnetzanbieter in Deutschland. Der Grund: 13 von 17 der deutschen Atomkraftwerke sind derzeit abgeschaltet. Neben dem Pannen-AKW Krümmel sind weitere sieben Meiler wegen des Moratoriums der Bundesregierung vom Netz, dazu fünf weitere Kraftwerke wegen seit längeren geplanten Wartungsarbeiten. Da waren es nur noch vier. Darunter die bayerischen Meiler "Isar 2" und "Gundremmingen 10". Statt der sonst üblichen gut 20.000 Megawatt Strom erzeugen die AKW mit derzeit rund 5.400 Megawatt nur noch etwa ein Viertel. Daher warnen die Netzbetreiber, dass es im Winter zu einem Strommangel kommen könnte, etwa wenn die Sonnenenergie das Defizit nicht mehr ausgleichen kann. Dies sind auch schlechte Nachrichten für die Wirtschaft, denn dann könnten unter anderem auch die Förderbänder der Autoindustrie plötzlich still stehen.

"Die Bundesnetzagentur hat in ihrer Verfügbarkeitsstatistik für das Jahr 2009 ermittelt, dass die Nichtverfügbarkeit von elektrischer Energie bei 14,63 Minuten pro Letztverbraucher in Deutschland lag (entspricht etwa 0,0027 %), was einer Verbesserung von 2,26 Minuten im Vergleich zu 2008 mit 16,89 Minuten entspricht. Somit konnte die Versorgungsqualität zum dritten Mal in Folge - bezogen auf das Vorjahr - verbessert werden. Im innereuropäischen Vergleich liegt die Versorgungssicherheit in Deutschland sehr hoch. Im

---

[5] http://upload.wikimedia.org/wikipedia/commons/7/74/Strommix-D-2010.svg (05.10.2011)

Nachbarland Österreich lag die durchschnittliche Ausfallzeit 2008 bei 43,69 Minuten pro Letztverbraucher, 2009 bei 36,56 Minuten."[6]

Anhand des Diagramms, auf dem die Ausfallzeiten zu beschreibt, kann man ebenfalls gut erkennen, dass die Ausfallzeit in Deutschland im Vergleich zu den anderen aufgeführten Ländern wie Niederlande, Österreich, Italien, Frankreich, Großbritannien, Portugal und Spanien, die Niedrigste ist. Die Nichtverfügbarkeit in Deutschland betrug im Jahr 2007 19,3 Minuten pro Letztverbraucher. Auch die Verbesserung im Jahr 2008 mit 16,89 Minuten ist ersichtlich. Daher können wir davon ausgehen, dass das Stromnetz in Deutschland - trotz der genannten Probleme und Schwierigkeiten - mit eines der am stabilsten und funktionstüchtigsten Netze der Welt ist.

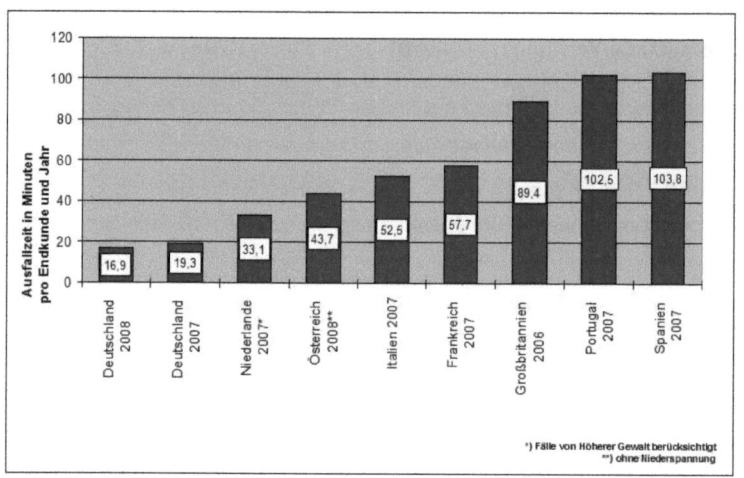

7

Sprechen wir von elektrischem Strom, wird ein Großteil der Bevölkerung automatisch an unsere verschiedenen Kraftwerke denken. Alternativ dazu gibt es jedoch, wie oben bereits genannt, auch noch andere Möglichkeiten, Energie zu erzeugen. Eines davon sind Windräder, welche vor allem in Ostdeutschland zum Einsatz kommen. Dort liefern Windräder zusammen mit Photovoltaik bei voller Leistung und besten Bedingungen mehr Strom als die Kohle- und Gaskraftwerke, nämlich zwölf Gigawatt reine Ökoenergie. Im Vergleich: Um diese Energie zu produzieren, benötigt man zwölf kleine Atomkraftwerke. So viel Naturstrom gibt es sonst nirgendwo in der Welt. Allerdings ist Naturstrom sehr unzuverlässig, da

---

[6] http://de.wikipedia.org/wiki/Stromausfall (08.10.2011)
[7] http://upload.wikimedia.org/wikipedia/de/4/4f/Ausfallzeiten_Stromnetz.gif

dieser nie konstant gehalten werden kann. Mal herrscht mehr Wind, manchmal auch weniger. Dadurch entstehen neue Probleme. Die Schwierigkeit, die Windenergie optimal zu nutzen, liegt darin, dass erzeugter Strom wie oben bereits genannt im selben Augenblick wieder verbraucht werden muss, da dieser nur in kleinsten Mengen gespeichert werden kann. Gesetzlich ist jedoch vorgeschrieben, dass Windenergie immer eingespeist werden muss. So kommt es zu Schwankungen der Netzstabilität in den Leitungen, was wiederum einen Stromausfall bei einem zu großen Unterschied auslösen kann, da das Hochspannungsnetz durchschmoren oder aber auch ein Durchhänger entstehen könnte. Weht der Wind also mal heftig, so stehen bis zu zwölf Gigawatt Energie zu Verfügung. In Ostdeutschland wird davon ca. vier Gigawatt verbraucht. Fünf Gigawatt können durch die Leitungen vom ostdeutschen Höchstspannungsnetz, das sind Überlandleitungen, die regionale Stromversorger und große Industriebetriebe nutzen, ins westdeutsche System geleitet werden. Es bleiben also noch drei Gigawatt übrig, welche die Netzstabilität in größte Gefahr bringen. Die Bundesregierung will jedoch trotz dieser Probleme den Ökostrom weiter ausbauen und neue, sogenannte "Offshore-Windparks" errichten. [8]

2 Schlüsselszenario Stromausfall

2.1 Was ist eigentlich ein Stromausfall?

Unter einem Stromausfall versteht man eine unbeabsichtigte Unterbrechung der Versorgung mit Elektrizität, was verschiedene, weiter unten aufgeführte Gründe haben kann. Man unterscheidet in lokale/regionale und in überregionale Stromausfälle. Bei lokalen bzw. regionalen Ausfällen ist meist nur ein einzelnes Gerät betroffen. Bei dem Fall eines Ausfalls in einem oder mehreren Zimmern oder einer Gerätegruppe, wird meist der Fehlerstromschutzschalter, kurz FI-Schalter genannt, ausgelöst. Fällt aber der Strom im kompletten Haus aus, kann auch eine Beschädigung der Strom-Zuleitung oder die Hauptsicherung die Ursache sein. Zu überregionalen Stromausfällen kommt es in der Regel nur, wenn eine Regelung des Netzes nicht zeitnah auf Veränderungen oder Störungen im Stromnetz reagieren kann. [9]

Deutschland ist mittlerweile eines der modernsten und technisch mit am weitest entwickelte Industrieland der Welt. Wir besitzen verschiedenste Notrufleitsysteme, die teilweise

---

[8] http://www.faz.net/aktuell/wirtschaft/wirtschaftspolitik/netzueberlastung-der-grosse-stromausfall-kommt-1592887.html (08.10.2011)
[9] http://de.wikipedia.org/wiki/Stromausfall (08.10.2011)

vollautomatisch per Computer gesteuert sind. Weiterhin sind Kommunikationsdienste und Medien wie Telefone, die inzwischen fast alle digital sind, in jedem Haushalt zu finden. Auch Handys, die an elektrisch gebundene Basisstationen der Telefonbetreiber gebunden sind, gehören zum Alltag eines deutschen Bürgers dazu. Erwähnenswert sind allerdings genauso das Internet, der Rundfunk und das Fernsehen. Nicht zu vergessen sind die hochtechnisierten Verkehrsleitsysteme für den Straßenverkehr, wie auch der öffentliche Reise-Nah- und Fernverkehr der deutschen Bahn und ein weit ausgereiftes Flughafen-Management, wo auch Radargeräte zur Flugsicherung eingesetzt werden und diese durch Technik ein Höchstmaß an Sicherheit bieten. Es zählen auch Unmengen an Banktransfer-Schalter, Logistiksysteme im Einzelhandel bis hin zur Energieversorgung in unseren Haushalten und der Wasserversorgung, welche an elektrische Pumpen gekoppelt ist, zu den Dingen, die unter Ausnutzung der elektrischen Energie Anwendung finden. Desweiteren besitzen Kliniken verschiedenste, hochmodernisierte Geräte, welche den Patienten das Leben retten. Auch die Schließsysteme und Sicherheitstüren in der Psychiatrie werden teilweise komplett automatisch gesteuert.

Dies sind jedoch nur ein paar Beispiele unserer Modernisierung, welche uns alle durch den elektrischen Strom ermöglicht werden. Für viele Menschen wird dies aber schon als ganz normaler Alltag und somit zu einer Selbstverständlichkeit angesehen. Lässt man sich beispielsweise nur ein kleines Stückchen eines Tagesplans vor seinem geistigen Auge ablaufen, kann man feststellen, dass die Energieversorgung zum Alltag gehört.

Der Radiowecker klingelt am Morgen. Man wacht in einem beheizten Zimmer auf und schaltet das Licht an, wenn es noch dunkel ist. Geht man anschließend ins Bad, um eine Dusche mit erhitztem Wasser zu nehmen, benötigt man eine Heizung, welche wiederum an den Strom gebunden ist. In der Küche wird die Kaffeemaschine angeschaltet, genauso wie die Brotschneidemaschine. Aus dem Kühlschrank, welcher Energie zum Kühlen braucht, werden Lebensmittel genommen, währenddessen vielleicht das Radio oder das digitale Fernsehgerät läuft. Eine Toilette darf im Haushalt auch nicht fehlen, die an eine Abwasserentsorgung mit Pumpen angeschlossen ist. Nachdem man dann das Haus verlässt und mit seinem Pkw in Richtung Arbeitsstätte fährt, fällt vielleicht auf, dass Treibstoff im Tank des Autos aufgefüllt werden muss. Tanken ist angesagt. An einer Tankstelle muss der Kraftstoff von den unterirdischen Tanks zu den Zapfsäulen gepumpt werden. Anschließend merkt man, dass noch eine Brotzeit für die Mittagspause fehlt, doch das nötige Kleingeld ist zu knapp. Zum Glück gibt es elektronische Geldautomaten an jeder Bank. Das bedeutet im Umkehrschluss: Würde es zu einem Stromausfall kommen, müssten wir auf all diese Dinge verzichten bzw. unsere Ansprüche zurückstellen und nur auf das Nötigste zurückgreifen. Für viele Menschen sind dies nur Kleinigkeiten des Lebens, doch sind diese nicht mehr möglich, steht man vielen Problemen gegenüber. Durch solch einen Totalausfall sinken allerdings auch die innere sowie auch die äußere Sicherheit des Landes erheblich. Ein sogenannter Domino-Effekt entsteht. Dadurch kommt es zu einem Ausnahmezustand, was wiederrum viele Gefahren für Deutschland birgt, da das Land in dieser Zeit ohne Energie von innen wie auch von außen angreifbar ist. In Problembezirken ist die Sicherheit ohnehin nicht sehr groß. Daher kann es mit hoher Wahrscheinlichkeit zu Ausschreitungen kommen, da die Einwohner sicherlich das Gefühl haben, im Krisenfall nicht beachtet zu werden. Plünderungen werden dann wohl an der Tagesordnung sein, weil Alarmsysteme nicht mehr reagieren würden. Selbst die Polizei ist nach zwei Tagen Notbetrieb nicht mehr voll einsatzfähig. Da kaum bzw. nur ein Bruchteil des Stroms gespeichert werden kann, muss rund um die Uhr eine Stromerzeugung aktiv sein. Nur kleine Mengen können in dafür vorgesehenen Akkus und Stromspeichern abrufbar gesichert werden. Erzeugter Strom wird üblicherweise im selben Moment wieder an einer anderen Stelle verbraucht und genutzt. Wird die Erzeugung also einfach abgeschaltet oder kommt es zu einem Ausfall, so wird durch die Schwankungen der Energie das bestehende Stromnetz aus dem Gleichgewicht gebracht. Um dies zu beheben, dauert es mindestens so lange, wie der Stromausfall selbst andauert. In schwierigen Fällen kann sich dieser Zeitrahmen auch bis zu mehreren Tagen erstrecken.

Würde es zu solch einem lange andauernden und großflächigen Stromausfall kommen, wären alle kritischen Infrastrukturen betroffen. Bei Hackerangriffen auf Kraftwerke, die die Steuerungsanlagen manipulieren und dadurch betriebsunfähig machen, kann das Stromnetz nachhaltig sogar so stark gestört werden, dass sich dieser Zeitraum von ein paar Tagen auf mehrere Monate verzögert. Stellt man sich vor, dass die komplette Gesellschaft Strom nutzt, kann man vielleicht erahnen, was dies für die Volkswirtschaft für Kosten nach sich zieht, da diese erfahrungsgemäß zum Erliegen kommt.

Wirtschaftsminister Philipp Rösler sagte im Mai 2011 dazu: "In Studien wird die Schadenshöhe eines Blackouts mit mindestens 6,50 Euro je Kilowattstunde angegeben. Wir verbrauchen etwa 1,6 Milliarden Kilowattstunden am Tag. Das tägliche Bruttoinlandsprodukt in Deutschland beträgt etwa 6 Milliarden Euro. Wenn in ganz Deutschland einen Tag lang der Strom ausfiele und nichts mehr produziert werden könnte, wäre das also schon ein erheblicher Schaden." [10]

2.2 So ereigOet sich eiO Stromausfall

Für einen Stromausfall kann es verschiedene Ursachen geben. Einer von vielen Auslösern kann zum Beispiel ein technisches Versagen wie im oben genannten Fall sein. Heutzutage entsteht durch immer weiter fortschreitende Technik ein hohes Brauchtum an Energie. Deshalb werden des Öfteren auch - vor allem in strukturschwachen Gegenden - sogenannte Off-Shore-Windkraftwerke gebaut. Diese erzeugen zusätzlich Energie und sind zu- wie auch abschaltbar. Dadurch entstehen hohe dynamische Belastungen, welchen die Stromnetze teilweise nicht mehr gewachsen sind.

Auch ein menschliches Versagen sollte nicht ausgeschlossen werden, da durch mangelnde Kontrollen durch das Personal ein möglicher Defekt früher erkannt und dadurch verhindert werden könnte.

Allerdings sind auch Personalengpässe eine mögliche Ursache, welche durch Krankheit mehrerer Mitarbeiter entstehen kann.

Im nachfolgenden Fall ist jedoch eine falsche Bedienung der Netzsteuerung der Grund eines Stromausfalls, welcher sogar zu einem grenzüberschreitenden Stromausfall geführt hat. Deshalb sollte das Bedien- und Kontrollpersonal ausreichend geschult und qualifiziert sein.

„Am 4. November 2006 wurden im Emsland die Stromleitungen absichtlich abgeschaltet, um ein neu gefertigtes Kreuzfahrtschiff aus einer Werft in Papenburg gefahrlos über die Ems in die Nordsee zu überführen. Die Folge: Aufgrund unvorhergesehener Kettenreaktionen hatten etwa zehn Millionen Menschen in verschiedenen Regionen Europas 90 Minuten lang keinen Strom. Kurzzeitig drohte das Ereignis unkontrolliert zu einem europaweiten, lang anhaltenden Blackout zu eskalieren."

Zu berücksichtigen sind auch Abschaltungen des Stroms aufgrund des Klimawandels. Lange Hitzeperioden gefährden die Kühlung der Kraftwerke, weshalb 2003 mehrere Kraftwerke in Frankreich kurz vor einer Abschaltung standen. Doch nicht nur die Hitze kann ein Auslöser für einen Ausfall sein. Auch Sturmböen, welche Strommasten und de-

---

[10] http://de.wikipedia.org/wiki/Stromausfall (08.10.2011)

ren Leitungen beschädigen, können eine mögliche Ursache sein. Das Unglück von Fukushima ist ebenfalls aufgrund einer Naturkatastrophe, einem Erdbeben, entstanden. [11]

2.3 Schutz vor Stromausfall iOKliOikeO

Die Stromversorgung in Krankenhäusern und Kliniken ist extrem wichtig und darf keinesfalls ausfallen, da es hier in erster Linie um die Rettung von Menschenleben bzw. deren Gesundheit geht. Fällt der Strom aufgrund eines oben genannten möglichen Grunds aber doch mal aus, so ist er in den meisten Fällen höchstens für 15 Sekunden weg. Es schalten sich sofort Notstromaggregate ein, welche mit Diesel-Treibstoff angetrieben werden, um den nötigen Strom und somit die alternative Energie liefern. Diese können ein Klinikum bis zu 24 Stunden mit genug Strom versorgen, um einen reibungslosen Ablauf der Behandlung von Verletzten wie auch die Sicherheit der Technik, welche nur mit elektrischem Strom nutzbar ist, aufrecht zu erhalten. Auf den Intensivstationen ist die Priorität dieser Aufrechterhaltung sogar noch ein bisschen höher: es werden Batterien und Akkus eingesetzt, die die nötige Energie während der 15 Sekunden liefern, welche die dieselbetriebenen Notstromaggregate brauchen, um anzulaufen. Somit wird ein Ausbleiben der Energie durch einen Stromausfall von der ersten Sekunde an ohne jegliche Unterbrechungen überbrückt, da diese 15 Sekunden auf einer Intensivstation über Leben und Tod entscheiden können.

Das Gesundheitswesen wäre also nach spätestens 24 Stunden stark beeinträchtigt. Ab einem Zeitraum von einer Woche ist davon auszugehen, dass ein Zusammenbruch der medizinischen und pharmazeutischen Versorgung selbst bei intensivsten Einsätzen regionaler Hilfskapazitäten sicher ist.

Als positiver Nebeneffekt eines Stromausfalls ist die Steigerung der Geburtenrate zu erwähnen. Bei Ausfällen des Stroms entsteht regelmäßig ein sogenannter "Baby-Boom". Dies kann man vor allem in Großstädten, in denen eine große Anzahl an Menschen lebt, an den Statistiken nachvollziehen. Im nachfolgenden Beispiel handelt sich um New York:

"Nach großen Stromausfällen wurde in der Vergangenheit oft vom angeblichen Babyboom 40 Wochen später berichtet. Beim großen "Blackout" am 9. November 1965 im Nordosten

---

[11] http://www.zukunftsforum-oeffentliche-sicherheit.de/downloads/Gruenbuch_Zukunftsforum.pdf (08.10.2011)

der USA und im angrenzenden Kanada war um 17.28 Uhr Ortszeit wegen einer Störung die Stromversorgung zusammengebrochen. 30 Millionen Menschen saßen zwölf Stunden lang im Dunkeln. Die Stimmung sei von Hilfsbereitschaft und Nächstenliebe geprägt gewesen, hieß es später. Angeblich verzeichneten die Kliniken im darauffolgenden Jahr einen Geburtenrekord. Der nächste große Stromausfall in New York am 13. Juli 1977 war durch ein heftiges Gewitter verursacht worden. Um 21.34 Uhr Ortszeit stand alles still: Bei hochsommerlichen 30 Grad waren Zehntausende Menschen stundenlang in U-Bahnen und Fahrstühlen gefangen. In vielen Stadtteilen dauerte der Stromausfall 25 Stunden. Zehn Millionen Menschen in New York City und Umgebung waren vom Blackout betroffen. Blitze waren in einen Haupttransformator eingeschlagen. 40 Wochen später wurde wieder vom Babyboom berichtet. Dreimal so viele Geburten wie sonst habe es gegeben." [12]

2.4 Schutz vor Stromausfall aus Sicht der AllgemeiCheit

Um sich als Privatperson gegen einen Stromausfall schützen zu können, bedarf es an einigen Präventiv-Vorkehrungen. Solch ein Ereignis sollte im besten Fall im Voraus durchdacht werden, da es im Moment des Ausfalls wenige Möglichkeiten gibt, sich ausreichend dagegen zu schützen. Perfekt darauf vorbereitet sind Leute, welche eine USV-Anlage in den Räumlichkeiten des Hauses verbaut haben. Eine unterbrechungsfreie Stromversorgungs-Anlage ist eine Anlage mit mehreren Steckdosen, die weiterhin elektrische Energie produziert, falls der Strom ausfällt. Diese besteht aus Akkumulatoren (bei Einzelplatz-USV aus Blei-Vlies-Batterien (AGM) oder Blei-Gel-Batterien, bei Leistungs-USVen aus Bleiakkumulatoren), Stromrichtern und einer elektronischen Regelung. Vorzustellen ist eine Anlage so, als wären es viele Aggregate, die teilweise ganze Räume füllen. Kliniken bevorzugen diese Variante. Doch auch für den Gebrauch im Haushalt ist ein solches Gerät geeignet, da es auch kleinere Anlagen gibt, die ca. so groß sind, wie ein Schuhkarton und schon für 100 Euro zu erwerben sind. Je nach Modell können diese kleineren Anlagen die daran angeschlossenen Geräte bis zu einer Stunde mit elektrischer Energie versorgen.

Besser wäre ein dieselbetriebenes Notstromaggregat, da es auch langfristig elektrische Energie zur Verfügung stellt. Die Zeit, die damit überbrückt werden kann, ist deshalb vom Vorrat des Treibstoffs abhängig. Hiervon sollten im Idealfall auch ein paar Kanister für Notfälle bereitstehen. Allein in ganz Berlin gibt es beispielsweise nur zwei Tankstellen, die eine eigene Notstromversorgung besitzen.

---

[12] http://www.abendblatt.de/hamburg/article388791/Erst-Stromausfall-dann-Babyboom.html (08.10.2011)

Jeder Haushalt sollte eine sogenannte Hausratsversicherung abgeschlossen haben, denn elektronische Geräte wie der PC oder der TV-Receiver sind sehr anfällig bei Stromschwankungen und -ausfällen. Somit können im Schadensfall, beispielsweise bei einem Stromausfall, der durch einen Blitzschlag verursacht wurde, die defekten Geräte über die Versicherung ersetzt werden. Doch auch mit einer entsprechenden Versicherung muss man ein paar Tage mit einem Ausfall der Geräte rechnen. Außerdem wird einem nie Stress und Ärger erspart werden. Doch nicht nur die Hardware wird beschädigt, sondern auch die Software, also die privaten Daten wie Musik, Familienfotos und andere wichtige gespeicherten Unterlagen, können dadurch gelöscht werden.

Oftmals reichen darauf beziehend schon Kleinigkeiten aus, welche nicht zu den Erstvorkehrungen zählen, sich jedoch im Ernstfall als durchaus wichtig heraus kristallisieren. Zum Beispiel zeigt die Erfahrung, dass es sehr positiv ist, wenn man seine Daten auf dem Computer auf einer externen Festplatte oder anderen externen Speichermedien sichert, da diese sonst in einem Schadensfall unwiderruflich gelöscht werden könnten.

Empfehlenswert wäre auch ein Tresor oder eine feuerfeste Geldkassette zur Aufbewahrung wichtiger Dokumente und Bargeld, falls es zu Plünderungen oder Bränden in der Nacht kommen sollte.

Um das Risiko zu senken, dass überhaupt ein Blitz einschlägt, eignet sich ein Blitzableiter, der direkt am Haus angebracht ist, hervorragend. Trotzdem sollte daran gedacht werden, dass alle elektrischen Geräte bei einem Gewitter in unmittelbarer Nähe vom Netz genommen werden, um einen Schadensfall von vornherein zu vermeiden.

Weiterhin können sich Stromverbraucher gegen einen Ausfall schützen, indem sie geladene Batterien bzw. Akkus in der Wohnung bereit halten, welche elektrische Energie liefern um zum Beispiel eine Taschenlampe oder das Radio in Betrieb halten können, um genug Licht zu haben und auf dem Laufenden zu bleiben. Dabei ist darauf zu achten, dass von allen gängigen Batteriegrößen ausreichend Bestand besteht. Die bessere Variante wäre jedoch, eine sogenannte Dynamo-Lampe zu besitzen, mit der man durch Bewegungsenergie, nämlich Kurbeln, elektrische Energie erzeugt. Genauso gibt es nicht nur verschiedenste tragbare Stereo-Anlagen mit eingebautem Radio sondern auch Weltempfänger, welche ebenfalls solch eine Kurbel besitzen, die alltagsübliche Batterien ersetzen. Somit ist es fast ausgeschlossen, dass Nachrichten nicht ankommen können. Dies ist eine wichtige Verbindungsquelle, wenn man von der Außenwelt abgeschnitten ist, aber weiterhin Informationen erhalten möchte.

Bei einem längeren Stromausfall kann es natürlich auch sein, dass die Batterien einmal leer sind. Deshalb eignen sich Kerzen, noch besser Petroleum-Lampen, bestens dafür, um für Licht zu sorgen. Streichhölzer und Feuerzeuge sind daher auch nicht zu vernachlässigen, da das Feuer erst einmal entzündet werden muss.

In der Jahreshälfte des Winters wird vor allem die Heizung gebraucht, um in krassen Fällen ein Überleben zu sichern. Haushalte, die einen Holz- oder Kachelofen besitzen, sind deshalb im Vorteil, falls der Strom für längere Zeit ausfallen sollte. Vorausgesetzt, es ist genügend Holz und Brennmaterial vorhanden. Doch man muss nicht gleich einen Holzofen besitzen, auch Baustellenheizer, die mit Gas funktionieren, können Räumlichkeiten aufheizen. Für die Nacht sind vor allem viele Decken sowie Schlafsäcke zu empfehlen, um die Körperwärme zu erhalten.

Ein Überleben ist aber nicht nur von der Wärme abhängig, sondern auch von der Nahrung. Es sollten genügend Vorräte vorhanden sein. Dabei sollte darauf geachtet werden, dass vorrangig Lebensmittel gelagert werden, die auch ungekühlt nicht verderben. Um warme Mahlzeiten zu sich zu nehmen, können Camping-Kocher oder auch andere Gefäße, die nach Möglichkeit feuerfest sind, verwendet werden. Diese müssen dann erhitzt werden, was zum Beispiel mit Propangas möglich ist. Ein Haushalt mit drei Personen kann mittels einer Flasche Propangas bequem über drei Monate hinweg regelmäßig warmes Essen zubereiten. Ebenfalls ist selbstverständlich ein Grill mit genügend Holzkohle zu empfehlen. Es gibt eine Vielzahl an Freizeit- und Campingprodukte, die unter Umständen sehr hilfreich sein könnten. Mindestens genauso wichtig ist das Wasser. Jeder Mensch sollte täglich mindestens zwei Liter Wasser zu sich nehmen. Bei einem Stromausfall, der länger andauert, ist die Gefahr groß, dass das Wasser nicht mehr ordentlich gereinigt und somit nicht mehr trinkbar ist. Ist dies der Fall, kann man auf Wasserentkeimungstabletten zurückgreifen.

Genau wie Nahrungsmittel sollte auch genügend Geld vorrätig sein. Damit ist nicht das Guthaben auf dem Konto gemeint, sondern das Bargeld, das man zugriffsbereit im Haushalt deponiert hat. Würden aufgrund des Stromausfalls die Bankschalter ausfallen, wäre das Abheben von Bargeld oder eine Zahlung ohne Bargeld nicht mehr möglich. [13]

3 Fazit

Weder die Bundesrepublik Deutschland noch deren Bevölkerung ist auf einen länger anhaltenden Stromausfall ausreichend vorbereitet. Eine Modernisierung des Landes ist zwar in vielen Hinsichten sehr vorteilhaft und auch wirtschaftlich ein positiver Aspekt. Dadurch erhöht sich allerdings das Risiko erheblich, dass in vielen Bereichen bei einem Stromausfall weiter gearbeitet und gelebt werden kann wie dies der routinemäßige Alltag vorsieht.

Bei Umfragen von Personen mit privatem Haushalt ergab sich, dass sich kaum einer über ein solches Szenario Gedanken gemacht hat. Demzufolge ist natürlich auch die Vorbereitung auf so ein kritisches Ereignis extrem mangelhaft. Auch wurde bei Tankstellen nach einer eigenen Notstromversorgung nachgefragt. Daraus ergab sich, dass viele Beschäftigte von vornherein gar nicht wussten, was damit überhaupt gemeint ist. Bei längerem Nachdenken fiel dann negativ auf, dass sie nicht wissen, wie sie sich in dieser angenommenen Situation verhalten würden. Bei den Restlichen wurde eine eigene Notstromversorgung ebenfalls verneint.

Meiner Meinung nach hatten wir bisher noch Glück, dass sich solche Vorfälle nur relativ selten ereigneten, bisher keinen großen Zeitrahmen einhielten und immer einigermaßen unter Kontrolle gebracht werden konnten. Ich kann mir jedoch gut vorstellen, dass es zukünftig ziemliche Schwierigkeiten in diesen Bereichen geben wird, da die Bundesrepublik Deutschland plant, das ökonomische Stromerzeugnis weiterhin auszubauen. Dadurch werden die Schwankungen in den Netzen zunehmend gesteigert, obwohl es heutzutage schon schwierig genug ist, die Spannung im Netz jederzeit konstant zu halten. Die Stromleitungen sind dafür nicht ausgelegt, der Strom muss aber trotzdem irgendwie eingespeist werden. Entweder müsste eine Lösung gefunden werden, um die Spannung immer konstant zu halten, was sich als durchaus schwierig, wenn nicht sogar für unmöglich erachten lässt. Ansonsten sollten die Stromnetze und -leitungen erneuert werden, was sich aller-

---

[13] http://de.wikibooks.org/wiki/Survival/_%C3%9Cberleben_Zuhause (08.10.2011)

dings als eine sehr kostspielige und zeitaufwendige Angelegenheit mit viel Arbeitseinsatz zeigt.

Weiterhin sollten die Bürger über Präventivmaßnahmen informiert werden. Das Bundesamt für Bevölkerungsschutz und Katastrophenhilfe hat bereits eine Internetseite ins Leben gerufen, wo man sich selbstständig über verschiedene Notsituationen informieren kann. Viele Personen denken jedoch nicht mal an eine Vorbereitung in dieser Art und Weise. Mit Flyern, die über den Postweg an jeden Haushalt verteilt werden, würde sich dies ändern. So könnte jeder besser darüber informiert werden, wie man sich im Notfall am besten verhält und an wen man sich im Ernstfall wenden kann. Außerdem wäre es sinnvoll eine Checkliste beizulegen, auf der Dinge stehen, die im Haushalt bereit stehen sollten, falls ein langandauernder Stromausfall eintritt.

Für Firmenbesitzer könnte beispielsweise eine USV-Anlage zur Pflicht gesetzt werden. Dies ist zwar in der Anschaffung mit Kosten verbunden, wird jedoch bei einem solchen Szenario erheblich die Kosten senken, da der Schaden dadurch reguliert werden kann, indem der Ausfall zumindest für einige Stunden überbrückt wird und somit weiterhin elektrische Energie zur Verfügung steht. Dies würde unter anderem der Vorbeugung eines Datenverlusts dienen, da aktuell genutzte Daten in der Überbrückungsphase noch gesichert werden könnten.

Ich persönlich werde dieses Thema zukünftig ein bisschen nüchterner betrachten, da sich meine Ansichtsweise durch die Informationen, welche in dieser Arbeit zu lesen sind, ebenfalls geändert hat. An viele, scheinbar unwichtige Kleinigkeiten, wird kaum nachgedacht, obwohl diese bei einem Stromausfall wieder als wichtig eingestuft werden. Man sollte sich durchaus mal Gedanken darüber machen, wie man sich selbst bei einer solchen Notsituation verhalten würde oder sich sogar mal in spielerischer oder gedanklicher Art und Weise in diese Situation versetzen. So wird schnell klar, dass meist eine erhebliche Unterschätzung im Raum steht.

QuelleOverzeichOis

Spiegel Online Panorama – „Stromausfall legte Hannover lahm":

http://www.spiegel.de/panorama/gesellschaft/0,1518,774328,00.html (05.10.2011)

Wikipedia – Öffentliche Sicherheit:

http://de.wikipedia.org/wiki/%C3%96ffentliche_Sicherheit (05.10.2011)

Wikipedia – Stromerzeugung:

http://de.wikipedia.org/wiki/Stromerzeugung (08.10.2011)

Stromversorger Energieversorger – Energie aus Erdgas:

http://www.stromversorger-energieversorger.de/konventionelle-energien-erdgas.php
(12.10.2011)

Diagramm 1 – Strommix in Deutschland:

http://upload.wikimedia.org/wikipedia/commons/7/74/Strommix-D-2010.svg (05.10.2011)

Wikipedia – Stromausfall:

http://de.wikipedia.org/wiki/Stromausfall (08.10.2011)

Diagramm 2 – Ausfallzeiten:

http://upload.wikimedia.org/wikipedia/de/4/4f/Ausfallzeiten_Stromnetz.gif (05.10.2011)

Frankfurter Allgemeine – „Der große Stromausfall kommt":

http://www.faz.net/aktuell/wirtschaft/wirtschaftspolitik/netzueberlastung-der-grosse-stromausfall-kommt-1592887.html (08.10.2011)

Hamburger Abendblatt – „Erst Stromausfall, dann Babyboom?":

http://www.abendblatt.de/hamburg/article388791/Erst-Stromausfall-dann-Babyboom.html (08.10.2011)

Wikibooks – „Survival/Überleben Zuhause":

http://de.wikibooks.org/wiki/Survival/_%C3%9Cberleben_Zuhause (08.10.2011)

Grünbuch des Zukunftsforums Öffentliche Sicherheit:

http://www.zukunftsforum-oeffentliche-sicherheit.de/downloads/Gruenbuch_Zukunftsforum.pdf